AF198564

Matthias Thurau, Autor des Romans *Sorck* (2019), Betreiber des Blogs Papierkrieg.Blog (*Autorsein als Kampfakt*), wo Hintergrundinformationen und zusätzliche Gedanken zu seinem Leben und Werk veröffentlicht werden, 1985 in Dortmund geboren, starb bisher noch nicht. Hoffen wir das Beste.

Matthias Thurau
Alte Milch

Eine Triggerwarnung befindet sich auf der letzten Buchseite.

Bibliografische Information der Deutschen Nationalbibliothek:
Die Deutsche Nationalbibliothek verzeichnet diese Publikation
in der Deutschen Nationalbibliografie, detaillierte bibliografi-
sche Daten sind im Internet über dnb.dnb.de abrufbar.

www.papierkrieg.blog
Cover: Tobias Pieper

Herstellung und Verlag: BoD – Books on Demand, Norderstedt

ISBN: 978-3-749482849

In Erinnerung an Jahre, die ich größtenteils vergessen habe.

Vorwort: Wahrheit, aber nicht wirklich

Mit Lyrik fing für mich alles an. Nein, das ist falsch. Es begann mit Schwierigkeiten und Problemen, die ich nicht in Worte fassen konnte. Erst dann kamen die Gedichte. Mit sich brachten sie die Möglichkeit, ehrlich zu sein, offen zu sein, zu schreien, zu weinen und die Wahrheit zu sagen, ohne zu sprechen, ohne Bewegung, ohne etwas zu verraten. Ich sagte die Wahrheit, aber nicht wirklich. Aus meinen Problemen schuf ich Werke. Kunstwerke, schrieb Adolf Muschg, seien im Grenzfall die einzigen Beweisstücke, was man aus dem machen könne, das einem angetan wurde. Seit damals ist viel Zeit vergangen, aber die Gedichte blieben. Die Texte in diesem Buch stammen aus den Jahren 2016 bis 2019, sind chronologisch sortiert und erzählen eine Geschichte, meine Geschichte. In Gedichten dienen Wörter, um Stimmungen und Bilder zu erschaffen, und nicht zwangsläufig zur Darstellung einer unverzerrten Realität. Man sollte nicht alles wörtlich nehmen, wie man das Leben nicht immer ernst nehmen sollte. Ich verspreche, ich sage die Wahrheit, aber nicht wirklich.

überdosis sommertage

der zug kommt und er geht und er kommt und doch
niemals an
das leise gleis dehnt die stille
die glasmenschen rennen die uns marsmenschen nennen
euer blick ist der teufel das böse die unruh

brennendes eis ist bipolar unmenschlich falsch
verlogen doppeldeutig
brennender schweiß ist unstarr gänzlich unrichtig
unwichtig gewogen eindeutig nass
durch meine poren schwimmen kolibris
schwärme insektenhafter säugetiere

ein trockener delphin mit flügeln voller augen

denn heiß ist der sommer die sonne der weißwein der schuss
tropfendes chaos am schweigenden gleis
ich bin ich weiß
ich lasse mich fallen nein gehen

schon längst bin ich weg

In Vino Veritas

Stürzend, taumelnd, vom Ichsein befreit.
Eine Flasche Weißwein gegen den Durst.
Geht es mir gut, habe ich Grund zu feiern.
Geht es mir schlecht, dann trinke ich.

Wankend, schwankend und frei genug zu schreiben.
Ich habe Angst und es bleibt stets dabei.
Alles dreht sich um pervertierte Ideen,
Um eine Philosophie, die rettet und zerstört.

Es ist mir alles gleichgültig, alles ist gleich gültig.
Kausalität und endlose Sukzession statt Sinn.
Konsequenzen ziehen sich aus Konsequenzen.
Schluck auf Schluck, Glas auf Glas…

Kraken

Als schließlich zögernde Tentakel
Aus größter Tiefe riefen
Schliefen eigentlich längst alle Träume
Und Räume voller Flucht wurden
Dank der Tinte bunter
Alles wurde
Bunter

Wechselfarbig in Angst und kurz
Ganz kurz vor dem Angriff
Ich sehe aus wie der Boden
An den ich mich presse
So verdichtet dass ich
Mit meiner Furcht malen kann
Malen
Muss

Kraken II

Acht Seiten gleiten näher
Greifen mehr und mehr und
Schließlich alles ab und zu
Eine Höhe über mir und unten
Stürze ich kopfüber
Ich bin überall
Drehe ich mich so schnell

…und kein Kliff an dem ich kleben könnte
Zieh mich am letzten Trinkhalm
Aus dem Wasser
Lass meine feuchten Augen vertrocknen

Im Sand fault mein Schatten wie im Urlaub
Endlich frei
Eure Gleichgültigkeit schießt Selfies

Weltenbrandwein

In Flaschen gesperrt
Sind wir nicht einsam
Gott stellt uns auf die Theke
Das Leben trinkt uns leer
Manch einer perlt in Säure
Andere sind härter

So sieht unsere Freude aus
Schöner Götterfunke
Ausreichend Promille und ich entzünde mich
Verwandle meine Worte in Brandsätze
Freude: schöner Götterfunke
Wunderschöner Weltenbrand

13 Stunden später

Febril alles
Andere als steril
Farbverschwommene Tanzflächenfetzen
Koffeintablettenartig vorgespult
Nachgespült
Mit Zucker Zucker Rauch
Rausch
Im Gehör Rausch Rauschen Piepen Geschrei
Toilettenbodenblitze auf Verunstaltungen
Ehemalige Gesichter
Spieglein Spieglein an der Wand
Bin einfach durch dich durch gerannt

Renne jetzt noch immer

Auf der Pirsch

Schweißbeperlt entsprudelt aus Tiefen
Was einst Erinnerungen werden sollten
Aufgeschreckt von wilder Freude
Dem Horror größter Möglichkeit
Der Nässe eines kalten Hemdes am Morgen danach
Nächte angefüllt mit gefräßigen Götterplagen
In denen alle Flüsse über die Ufer traten
Leergetrunken ausgespiehen nachgekippt
Blut als Standard im Blick und als Währung
So tief bin ich nie gesprungen
So hoch nie gefallen
Tanzende Schwebezustände
Zwischen Bierbäuchen und erhabenster Schönheit
Für wässrige Augen kurz vor Toresschluss
Irgendwann muss immer das Licht angehen
Die Sonne scheinen
Doch zu unserem Glück
Ist die Nacht
Ganz kurz davor
Am dunkelsten

Besonderheit

Im Staub entstehen Wellentempel lichterfüllt
In graues fahles Einzigsein gehüllt
In Rinnsalwirbeln aufgehoben
Zurück allein ins Meer geschoben
Manch Wüste wollte Meer einst werden
Manch einsam Wolf ein Schaf in Herden
Manch großer Baum bloß Grashalm sein
Manch bitteres Gift ein süßer Wein
Zauberhaft die Einzigartigkeit
Die Wert und Wichtigkeit verleiht
Doch meistens ist es bitterkalt
Wird unbeachtet und allein man alt

Die nach Luft schnappen

Boxen krachen
Falsche Zigaretten knistern
Es ist der Traum
Den wir zu meistern lernen
Grün sind unsere Nächte
Blaugrau die Luft
Unsere eure
Realität zahlt die Rechnung
Wir sind uneinholbar unterwegs

Die Wahrheit ist...

Die Wahrheit ist
Verpuffte Suche Aufgeben Hiersein
Verschränktes Denken Interpretation Autorität
Verlorene Jugend Tugend Erziehungssache
Die Wahrheit ist
Nicht zu ertragen

Einssein

Im Einklang
Mitten drin
Eintönig widerhallen lassen
Was anderen groß erscheint
Einstimmig
Engelschören gleich
Im Einklang mit der Welt
In Übereinstimmung mit den Regeln
Ein gesunder Geist in einem gesunden Körper

Von hier draußen betrachtet
Wirkt das ganz schön lächerlich
Eintönig
Eindeutig unerträglich
Einfach

Gedankenbarrikaden

Verbarrikadierte Bürger im Herzen kalt
Alt grau unerfahren bastardierte Ideengräber
Nimm mich in den Arm Links Rechts Mitte Angst
Nicht herauf
Niemals wieder hin her auf
Wir sahen lasen spürten ihre Laster Panzer Radierungen
Nehmt Bücher statt Burger Wut Verleugnung
Ausradierungen als Kunstform
Verleumdung Propaganda Ausverkauf die Leselust
Und nun für euch nochmal ganz deutlich
Wir brauchen etwas Neues
Und nun für euch nochmal ganz klar
Wer alles Geforderte verspricht
Lügt
Lügt
Lügt

J.L.B.

Eine Spinne im Netz alter Bücher
Sieht er mit Fingern und Geist
Spricht auswendig inwendig große Passagen

Er liebt seine alten papierenen Freunde

Im Labyrinth aus Druck und Handschrift
Sieht er alle Geschichten verwirklicht

Träumt ewig von arabischen Gelehrten
Unendlichkeiten und der Schönheit der Gedanken

Er liebt seine papierenen Freunde
Nun ist er meiner geworden

Schmelzwundwassersüchtig

Mein Freund, ich brenne.
Gepresst wie Stein unter Hochdruck
Immer
Dichter.
Diamantensaft.
Saft und Fruchtfleisch.
Ein blutendes Geschwür aus eigener Hauswahrheit.
Eingemacht in Gläsern.
Aus Gläsern geschlürft, aus Joints gezogen.
Ich brenne, mein Freund.
Glimme im Zustand der Wehrlosigkeit.
Schmelzwundwassersüchtig.
Begierig zu lernen,
Was andere Menschen eigentlich sind.
Was macht man, wenn man jemand ist,
Der nicht ich ist?
Wer ist man dann?
Wer seid Ihr?

Zittern

Tiefstes Zittern verbinde ich von jeher
Mit einer absurden Erotik
Im Innersten berührt gerührt geschockt
Wie beim ersten Kuss Fick Wiedersehen
Wackelnde Beinreste keiner Belastung mehr fähig
Schleppen sich treu voran
Wie romantische Gedanken an kalten Nachmittagen
Mit geöffnetem Fenster um den Rauch zu verlieren
Kommt hier so etwas wie Sehnsucht auf?
Auch Überdosierung löst es aus
Die Gifte ergänzen einander hervorragend

Ein lächelnder Fick voller Tränen und mit letzter Energie
Bevor das Herz sich vollends zerkaspert
Klingt doch gar nicht mal schlecht

Einunddreißigjahreselbstmord
Nennt man wohl Versagen
Das Tempo wurde ruhiger
Nur drinnen drückte noch die Hast
Es reicht
Es reicht schrie es es reicht
Einunddreißig Jahre gärender Prozess
Fäulnis
Wurmfraß
Altwerden
Verzage nicht
Hinter der nächsten Kurve
Geht es wieder bergab

Am Ende falsche Entscheidung

Kein Wunsch der nicht vernichtet
Kein Raum ohne Labyrinth
Ein Traum wird wahr
Welch Katastrophe
Entscheidend ist der Mensch
Am Ende
Am Anfang lässt er sich befehlen
Das nennt man Geborgenheit
Freiheit in Abhängigkeit
Kindheit
Reinheit
Geborgenheit
Erlaub' mir mich zu unterwerfen

Ohne Rückreise

Junkyweisheit
Hochverdrehte Lehren Leeren Lehren?
Paradoxer Bullshit
Du musst high sein
Um runterkommen zu können
Erst auf Geschwindigkeit kann man leben
Nur auf grünen Wolken schlafen
Ziehen gezogen werden
Abgefahren im Zug um Zug um Zug
Dieser Bahnhof wartet nicht
Alles ist beschmiert und dreckig
Doch bist du nicht er die Katastrophe
Kenne dich mein Freund erkenne dich
Da unten kennt dich niemand mehr
Halt dich fest
Es wird eine wilde Fahrt

Zerstörer des Friedens

Lügner Listenmacher Selbstverbesserer
Im Selbst liegt dein Problem
Zerstörer des Friedens
Es war nicht der deine anzurühren
Diese Ruhe gehörte nicht dir allein

Lügner Listenmacher Selbstverbesserer
In den Listen steht keine Lösung
Im Lügen aufrecht Feigheit
Sie nagt an unserem Traum
Diese Ruhe gehörte nicht dir allein

Lügner Schlussmacher Selbstzerstörer
Wieder einmal
Blutig die Fäuste der Magen die Lefzen
Die Augen die Lippen die Zukunft
Diese Ruhe gehörte nicht dir allein

Der Durst und Du

Ich ertrage den Durst
Wie du mich erträgst
Mit Unlust und Lust
Zugleich
Es zieht mich hin
Mit Drang und
Falschen Argumenten
Es hält mich ab
Mit Schwierigkeit und
Guten Gründen

Du erträgst meinen Durst
Wie du den Rest erträgst
Mit mehr Kraft
Als du dir zugestehst
Mit mehr Kraft
Als ich ohne dich
Hätte
Bin ich dein Parasit
Deine Sucht?

Ein Haus ohne freiwillige Bewohner

Er erinnerte mich an ein Haus
In dem niemand leben will.
Und wer weiß
Vielleicht ist es wahr.

Er erinnerte mich an eine Baustelle
Die niemals ganz fertig wird.
Und wer weiß
Vielleicht ist auch das wahr.

Er erinnerte mich an eine Brücke
Die schwankt und wackelt und kracht.
Und wer weiß
Vielleicht ist es ja richtig.

Er sagte mir einmal
Dass seine Zukunft wieder offen sei
Nachdem sie ihn verlassen hat.
Klaffend offen wie ein Loch ohne Boden.

Und wer weiß
Vielleicht hat er ja recht.

Scherbenfelder

Scherbenfelder
Geschenke meiner Ignoranz
Totgeglaubte Irrtümer und Fratzen alter Feinde
Kreisen klumpig in der Leere
In hallenden Herzräumen
Dunkel ist es hier
Dunkel war es doch eigentlich immer
Im Versuch jedes Selbstmitleid zu ersticken
Ist es noch immer schade um all die Zeit
Warum im Schatten nach Halt suchen
Langsam und allein?
Ein Rennen ein Springen ein ungehemmter Lauf
Im Lichtkegel deines Lachens
Im Fackelschein deiner Berührung
Selbst noch im Kerzenlicht deines Dichabwendens
Kann man denn so blind sein?
Darf man denn so blind sein?
Wieder ist es finster geworden
Die Augen brauchen Zeit sich zu gewöhnen
Auf allen Vieren vorwärts
Tastend
Scherbenfelder

Schwarzer Wasserfall

Wenn die Stille schmerzt
Die einst gut tat
Ist ein neuer Punkt erreicht
Sie will nicht reden
Mich nicht hören
Sich nicht vernehmen lassen

Mein Chaos mein Lärm mein
Krach im Kopf in mir überall
Mein Kriegsgetöse im Herzen
Sie will mich nicht
Sehen hören fühlen
In ihrer Nähe haben

Es steigert sich zur Entropie
Weißes Rauschen ohne Frieden
Schwarzer Wasserfall
Sie will nicht mehr reden
Sie will nicht mehr
Sie will nicht

Nichts als schwarzlärmendes Wasser
Nichts als grausames Herzpochen
In grausamer Stille
Ich höre mich zu laut
Ich höre mich
Ich
Schwarzer Wasserfall

Unbegreifbar

Was uns verbindet
Ist was uns verflucht
Was uns verbindet
Was uns versucht
Was uns auseinander
Und ineinander schiebt
Ist was uns tötet
Was über uns siegt

Was uns verbindet
Was uns verflucht
Ist was wir sind
Wie es versucht
Uns zueinander zu treiben
Ineinander zu reiben
Ist was uns anödet
Was wie Wasser versiegt

Was uns verbindet
Was uns verflucht
Ist Liebe
Die wir nicht kennen
Treue Hiebe
Die wir Willen nennen
Was uns wirklich fertig macht
Was uns wirklich lachen macht:
Diese Liebe wie Hass
Diese Sehnsucht nach dem Ende
Das ich längst mit Händen fass'
Wenn ich mich an dich verschwende

Definitionen

manche machen mich
zu einem
von euch

diese
zum beispiel

irren
ist menschlich

Wüstentage

Mit einer Kraft die meine Grenzen testet
Zieht er droht er kichert mein Durst
Es wäre so viel einfacher
Aufzugeben
Es wäre so viel einfacher
Für den Moment
Was kümmert mich morgen?
Hitze und Trümmer umlagern mich
Begrenzen mit Asche das Heim
Vergiften mit Schwärze das Wasser
Flüstern und kitzeln und stoßen
Freundschaftlich zwinkernd
Die Seite mir
Komm mit und trink
Lach doch mal wieder
Weißt du nicht mehr?
So viel Spaß so wenig Angst
So viel Charme so wenig Kümmernis
Doch alles Lüge alles Illusion
Wunschdenken Selbstbetrug
Um den Schmerz zu überdecken
Erinnere dich an dein Leid
Es hilft dieses bisschen Kummer
Ertragen
Durchhalten mein Freund
Durchhalten!
Es werden bessere Tage kommen
Ohne Wüstenschmerz
Ohne Fantasien
Und ohne all das Locken

Es kommen wieder ruhigere Tage
Es geht wieder vorbei
Hoffentlich

Königreich in Flammen

Königreich in Flammen – und immer voller Angst
Es brennen Soldaten es brennen Arbeiter brennen
Kein Schutz kein Heim kein Glaube – nur das Kind
Königreich in Flammen – Brennglas in der Hand
Geben wir es dran geben wir uns geben wir einander auf
Ein Königreich für ein Brennglas – groß genug für das Kind
Es will spielen – Leben wollen eigentlich doch alle
Eigentlich.
Vergiss uns nicht Mörder
Vergiss uns nicht
Dein Königreich in Flammen

Gebete

Meine Gebete zielen auf den Gott des Unbewussten
Nicht Morpheus nicht sein Arbeitgeber
Programmiersprache meines Rechners
Ich erstarre im Spiegel mein Interface
Formatiere was dahinter steckt:
Task beenden neu starten neu anfangen
Meine Gebete feuern Salven ins Leere
Meine Gebete zielen auf mich
Der Krieg ist der Vater aller Dinge
Ich kriege nicht genug
Vom Gefecht
Vergebt mir
Meine Gebete tropfen vergebens
Ich bin noch immer
Ich

Stadt Land Fluss

Hänge voller Menschentrauben
Zertreten zu erlesenstem Weinen
Im Gleichschritt im Berufsverkehr

Steine und Stahl bewalden den Himmel
Erwachsen aus kindlichem Boden
Zerkratzen die Neurodermitis der Wolken

Doch Menschen können noch schwärmen
Gemeinsam für Wunder wie Heuschrecken
In millionenfacher Einzigartigkeit

Aleph

Das Furchtbare an etwas Komplexem
Wie dem Aleph
Ist meistens etwas Simples:
Das alles hier
Wieder und wieder und wieder
Wo doch schon Erinnerungen
Krank machen können

Gepökelt und versolt

Tränensalzgepökelte Augapfelringe
Gourmet-Theatralik
Seien wir zur Abwechslung doch ehrlich:
Im Gedärm
Im Unterleib
Kämpfen Liebe und Tod.
Wenn schon Salz: Soleier.
Einweicht in sauren Säften
Rückschaurestalkohol
Gedächtnisessig
Tropfen um Tropfen
Die warme Welt zu Diarrhö
Verdünnt.
Kotzend verdichte ich
Den Dreck von den Lefzen.
Blut unterwandert meine Augen.
Gebrochene Herzen sind für Teenager.
Punktierte Lunge und verfettete Leber:
So sieht Verlassensein aus.
Lasst mich in Ruhe mit dem Mist.
Ich will dichter werden
Nicht Dichter sein.
Und
Ja
Ja
Auch das:
Es tut mir leid.
Du fehlst mir.

Glück

Das ständige Scharren im Dreck stoppt abrupt
Mit der Verwechslung von Dreck und Kopfhaut.
Der gesuchte goldene Topf voll Koboldglück
Verbirgt sich weder dort noch dort stattdessen.
Schorfige Fingernagelinsektenbetten gehören gewaschen
Wie erlerntes Glücksstreben in der Fremde verboten.
Hier ist das X – grabe!
Die vernommene Stimme meine Worte lesend
Empfiehlt dir die korrekte Handhabung von Zeit:
Hier ist das X.
Grabe!

Glaubensbekenntnis

Oh Herr, Großer Mahner,
Monitor, betrachte mein Werk!

Schlaff ans Kreuz gefingernagelt
Longinus' Lanze in Handarbeit
Endlich geheiligt durch Hartholz
Verpornt und verbohrt

Auf die Knie und bete mein Sohn!

Auf die Knie vor Sankt Michael
Dem Rosabehelmten
Dem Flammenschwert des Herrn
Er stößt Dir den Teufel
Aus flaumigen Wolken

Das Brennen kommt dann später

Daran glaube ich
Fest genug
Mit brünstig pulsierendem
Herzen

Animalus Christus
Clips zum Klicken
Wer will warme Lippen küssen?

INRI in sie und wieder heraus
Lass den Heiligen Geist
Zu Boden fallen Bruder Onan

Bruder Erfinder der Selbständigkeit
Bruder Vertreiber der Einsamkeit

Alle anderen sind bloß Ungläubige
Weichherzige Wichser

Meine geliebte Schwester Maria Magdalena
Meine große Hure Babylon
Baby
Ruf mal wieder an

Ruf bitte endlich an
In dieser Dunkelheit beginn' ich schon
Zu beten

Halloween

Damals waren es Schmetterlinge
Bäuchlings flatternd im Kugellicht
Mit lächelnden Mienen im Tanz
Wie ein Falter auf dich zu.
Das war damals.

Gegen den Uhrzeigersinn gesponnen
Zweifelnd gestolpert im Tanz.
Wie die Schritte wohl gingen?
Mit Raupen im Herzen
Kriechend. Heute.

Wann hörten wir auf uns zu drehen
Zu suchen im flackernden Dunkel?
Erinnerst du dich?

Ich möchte nicht wütend sein
Nicht auf mich mit Recht
Nicht auf dich aus Hilflosigkeit
Keine Schmerzen verteilen Ende Oktober
Wenn Süßes auch aus sein mag
Mit einem Streich.

Vielleicht verpuppen sie erneut
Spinnen sich ein und mich
Verkleben uns beide
Im Frühling.
Ein neues Flügelschlagen.
Das soll Morgen sein.

Von Übermorgen schaue ich zurück
Auf diese Zeilen
Verbittere nicht ob toter Larven
Doch enttäusche mich unserer
Möglichkeiten.
Wir hatten unsere Zeit.
Vielleicht sollte mir das reichen.
Doch in Wirklichkeit
Tut es das nicht.

Lesen ist Platin

Wir Bildungsmenschen sind die Lösung
Lesergesteuerte Boden-Luft-Raketen
Wir mit den Buchstaben an den Fingern
Trauern gern ein Stück
Fiktive Leidenswelten mit
Dann schlagen wir zu und legen es weg
Wärmesuchende Wegfinder verirren sich
Auf dem Pfad zu unseren Taten
Nur auf Sicht kann man uns töten
Im Halbdunkel des Lehnstuhls
Wir Demokraten und Redner und Waffenhändler
Wir mit dem Blut an den Fingern

Probleme beim Sprechen

Außerhalb totaler Leere
Gilt ein einziger Grundsatz:
Scheiße fällt immer nach unten.
Öffnet man den Mund
Um Gespräche zu führen
Begibt man sich in große Gefahr.
Vielleicht wedelt man deshalb lieber
Mit Schleudern und Knüppeln herum
Verteilt den Dreck weiter.
Dialoge benötigen zwei Münder
Auf gleicher Höhe
Mit Augen darüber.
Ihr also fragt
Wer denn gern ins Klo schaut?
Wer blickt denn wohl
Gern von unten herauf?

Social Mediocrity

Mit makellosen weil maskierten Fassaden
Durchziehen Zugvögler auf Straßen
Heuschreckengleich und gleich schrecklich
Das Land und das Hirn dieser Zeit
Im Newsfeed blasse Gesichter
Bepinselt und grinsend ergrimmt
Verboshaftet von Kommissar Facebook
Zu Erbrechern und Knastkatzen
Schweren Jungs und Mädchen
Verkennenlernte und durchgetinderte
Friends in endlosen Listen
Datenpakete disconnectet vom Leben
Und einsame Einsame

Spielzeug

Meine alten Finger wühlen
In Kisten voll Kindheit.
Jeder Griff ist eine Erinnerung,
Ein altes Spiel, eine frühe Fantasie.
Bewaffnete Männlein in Plastikpanzern,
Mutige Pioniere in fliegenden Waffen.
Immer war da ein Hang zur Gewalt.
Maskulinisierte Mach- und Machtbarkeiten,
Infantiles Gesuche nach Recht,
Wo eigentlich Anderes fehlte.
Junge Finger suchten Orientierung,
Den Weg durch die Sterne,
Den Weg durch den Feind.
Wie überaus poetisch, nicht wahr?
Meine viel älteren Glieder
Sind weder weise noch über all das hinweg.

Traumatisiert zum Frühstück

Unsicher sind diese Tage
Unsicher die Nachrichten
Das Essen das Leben die Kunst
Unsicher der verstrahlte Salat
Genetisch geänderte
Essbare Biowaffen
Ohne Bio-Gütesiegel
Unsicher der verstrahlte Zwitscherer
Versprechen und Regeln brechender
Gelber Zungenklumpen
Kompetenzbewertung: 1 Stern
Unsicher die verstrahlte Zeit
Nukleare Bedrohung ist so 80er Jahre
Aber Retro ist wieder chic
Idioten machen die Mode
Die Stimmung passt sich dem Wetter an

Unhaltbar

Strampelnd flattern die Gedanken
Wie ein Herz in Terror
Aalglatt die Haut vom Schweigen
Bin ich eingefettet
Unhaltbar
Wie Milch ohne Datum
Ein Risiko und
Vermutlich schlecht
Wahrscheinlich sauer
Ich weiß getrübt betrübt
Doch sicher
Du fesseltest mich mit Armen
Noch die Erinnerung macht mich weich
Schimmelkäsig fließend weich
Ich weiß
Ich bin unhaltbar

Unwichtig

Nach Hilfe schreien nur jene
Die noch Hoffnung haben.
Alle anderen flehen um Erlösung.
Auch ohne Glaube
Ein frommer Wunsch.
Doch wer schert sich darum
In Tränen erstickend?

Vorzug Rückzug

An jedem Finger einer Hand eine Hand
Sperrt ein Netzwerk aus Zehn aus Hundert
Das Sieben Sortieren und Stöbern im Ich.
Die Wohltat der Finger an Fingern
Der Augen in Augen in Kreisen in Ketten
Versiegt und vermindert versagt und verneint.
Alleine auch einsam nicht unbedingt einsam
Verbleibe ich immer ich und werde bloß ich
Doch werde und werde und wandele mich
In freien Gedanken in Ketten in Netzen
In Formen Systemen und Ewigkeit.

Warten auf Erfolg

Verpasste Gelegenheit formt meine Angst
Vor dem Tod
Noch nicht erreichte Wegpunkte
Die Leuchtfeuer winken bereits
Doch die Sense ist spürbar im Nacken
Du warst so lange willkommen
Freund Tod
Jetzt ist es gerade ungünstig
In endlosen Kreisen lebe ich weiter sagt N.
Also mäh lieber den Rasen nicht mich
Denn
Verpasste Gelegenheit formt meine Angst

Wirbel

Immer ist da ein Wirbel
Im Herzen der Dinge
Am Boden des Wassers
Im Kern einer Wahrheit
Und immer ist da ein Widerspruch
Doch nur für uns
Wir verstehen es nicht besser

Immer ist da ein Wirbel
Der endlos sich dreht
Sich selbst erhält
Jeden anderen wie sich
Und immer ist da ein Widerspruch
Daher liebe ich
Deshalb verstehe ich

Wort

Sünden ohne ein Konzept von Gott
Ergeben keinen Sinn
Nichts als ein geborgtes Wort
Das doch recht passend wirkt
Verstöße gegen Verbote
Gegen die eigene Würde
Vergehen gegen die eigene Seele
Mehr als ein Wort
Sünde

Arbeit

Arbeit vertreibt Leere
Wenn Arbeit keine Leere schafft.
Zerschundene Knochen sitzen am Tisch
Verbasteln erfahrene Stunden
Befreien sich krumm und porös.
Endlich schaffen sie etwas
Erschaffen etwas Gutes
Nichts Fassbares: Freies.
Aufgewandte Energie muss fließen
Vom Quell durch Flüsse ins Meer
In Regen durch Stein in die Quelle.
Die Zeit des Feuers war gestern
Heute erhält sich der Kreislauf.

Endlose Möglichkeiten

Überall ist potentiell ein Kriegsschauplatz
Jeder potentiell Soldat
Potentiell Opfer
Einer Waffe einer Faust oder blanker Zähne
Jeder Gegenstand kann tödlich sein
Jeder Gegenstand verletzend
Jeder Urlaubsdampfer ein Schlachtschiff
Jeder Stock ein Knüppel
Jeder Feind ein Krüppel
Jeder Trottel dein Kamerad
Jedes Wort ein Verrat
Und jeder Augenblick die Möglichkeit auf Frieden

Freiheitskrawatte

Gewebe aus Fäden halten
Mir die Kälte vom Leib
Wie der knarrende Strick
Mir Verzweiflung abhält
Es ist die Option
Das Wissen um die Chance
Den Notausgang vor Augen
Die Gleichgültigkeit erzeugt
Genug um weiterzumachen
Dieses jenes es ist mir egal
Kommt nicht nahe genug heran
Ist kein Grund durchzudrehen
Gehen kann ich immer
Nichts hält mich
Das Wissen darum hält mich

Geröll

Euch ertragen
Heißt Schmerz ertragen
Heißt Stechen in der Brust
Zu viele Stachelkugeln geschluckt
Zu viel Dreck hinuntergewürgt
Es sammelte sich
Verklemmte sich
Zusammengepresst und verhärtet
Aus zu viel Schlamm
Geröll geformt
Schieferplatten wo Membranen sein sollten
Trockene Flussbetten statt Geäder
Ein Erdrutsch über Jahre
Schleichend
Schluck um Schluck um Schluck
Euch ertragen
Worte ertragen Masken getragen

Auf Sand kann man nicht bauen
Durch Gestein wächst nur
Was wirklich Kraft hat

Momentan im Trockendock

Dunkelheit mit Schlagseite
An diesen Abenden pflegte ich zu trinken
Drogen zu nehmen
Neue Abende wie diesen zu beschwören
Mehr zu trinken
Mehr Drogen zu nehmen
Tägliche Seekrankheit zu züchten
Das Meer in mir
Zu füllen
Zu Verdrecken
Schiffbruch herbei zu sehnen
Oder zu stranden
Aufzulaufen
Unterzugehen
Endlich unterzugehen

Retrospektive

Nur vom Ende her
Einzig retrospektiv
Ist das Leben sinnvoll
Nur durch Sinn
Ertragbar

Erst nach Jahrzehnten
Scheint Zufall wie Schicksal
Scheint Schicksal logisch
Und jeder
Gottverdammte Tag
Notwendig

Einzig vom Tode aus
Ist diese Ansammlung von Stunden
Als Leben zu betrachten

Erst der Tod
Schafft Bedeutung

Zukunft: ja oder nein?

Warum Angst vorm Teufel haben?
Teufel ist nur ein Wort.
Warum Angst im Dunkeln haben?
Dunkelheit ist ein Mangel an Photonen.
Warum Angst vor Einsamkeit haben?
Einsamkeit ist nur Alleinsein mit Würze.

Weil ich mich durch Worte definiere.
Weil ich mehr bin als meine Sinne.
Weil Alleinsein mit Dir am schönsten ist.

Zustandsbeschreibung

kein tag ohne leere
an dem sie mich nicht packt
nicht da ist
nicht nichts ist
das greifbar um mich kreischt
mich einfasst
einschließt
aufreißt für alle
schaut in mich hinein
ihr werdet nichts finden
nichts sehen
es ist überall

Fremdkörper

Eine eingezwängte Seele in einem Stiefkörper
Bastardiert
Hier gehöre ich nicht her
Präkollaptisch
Suche ich ein Zuhause
Mein Zuhause
Als Kind weinte ich und schrie: Ich will nach Hause!
Hierher gehöre ich doch nicht
Kann man da von Fernweh sprechen?
Doch will ich nicht woanders sein
Heimweh?
Ich will nicht sein
Mit zehn Jahren verriet ich flüsternd ich sei lieber tot
Nicht adoriert nicht adaptiert
Nicht gewollt oder verstanden
Tot.
Ein Fremdling zur Stiefzeit im Stiefleben
Singular
Zu spät geboren
Zu früh gekommen
Zu lange geblieben?
Parallel zur Zeit
Zu Euch
Dauerhaft präkollaptisch

Interaktion in Stein

Berge versetzen
Stets zwischen Euch und mich.
Seht Ihr mich denn nicht?
Mit Dynamit gewinnt man Nobelpreise
Mit mir verliert man Zeit
Verliert man die Geduld:
Immerhin Interaktion.
Ich reiße Berge ein
Um Mauern zu bauen
Um Welten zu schaffen
Abgeschirmt und herrlich und leer.
Seht mein Werk! Oder Nein
Wie könntet Ihr?
Um Verständnis zu bitten
Doch kein Wort zu sagen
Ist traurig ist albern normal.
Dies hier
Ist Interaktion.

Laute Bäume

Knisternd die Rinde
In Funken zerregnend
Seht Ihr denn den Rauch nicht?
Schicht um Schicht um Schicht
Sogar die Maden flüchten
Ziehen südwärts in den Schmutz
Den sicheren Schmutz
Seht Ihr den Rauch denn noch nicht?

Benzin erstickt die Flammen
Für eine Weile jedenfalls
Wartet Ihr auf Explosionen?
Was zu Boden fällt
Nährt die Welt für Jahre
Für bessere Jahre vielleicht
Euer Warten hat ein Ende:

Seht mich explodieren.

Fremde Starre

Fremd sprechen die Worte die Augen Interessen
Ferner Fremder weiter ungeheuerlich und wieder
Wieder
Fremd.
Ich kenne eure Sprache nicht mehr
Eure Wege sind flüssiger Beton
Ich versinke dort in Bedeutungslosigkeit
Bodenlosigkeit
Unnötiger Feste der Zukunft.
Woher wisst ihr um die Zeit
Um Bedeutung um Ziele um Beständigkeit?
Meine Zeit ist breigleich
Schlickig
Wie Erinnerungen
Wie sumpfige Wege
Führt alles ins Nichts
Ins Dunkel
Ungewissheit
Und voller Zweifel höhlt es mich aus
Und füllt mich wieder
Mit Neugierde:
Wie weit kann es noch gehen?
Welche Wunder hält die Hölle noch bereit?
Ich muss euch fremd sein
Um ich sein zu können.

Gem-einsam

Niemand lebt
Ernsthaft
Für etwas.
Menschen sterben
Für etwas.
Ob sie wollen
Oder nicht.
Menschen leben
Aus innerem Zwang.
Die Natur macht uns.
Die anderen machen uns
Kaputt.
Allein
Gehen wir ein.
Verliebt in eine Rolle
Stacheldraht.

Der letzte Schub

Ein Dasein ohne Sein
Ist bloß Erinnerung
Ist da! Ein Zeigen
Ein Deuten
Ein mit sich Ringen vor dem Schlaf.
Beeinflussung ohne Willen
Ohne Agenda
Rein.
Unsere Nachricht ist längst überbracht
Verschlüsselt
Eingebettet
In jene um uns herum.
Das Ende wird die Kapsel brechen
Öffnen
Eröffnen
Was wir wirklich angerichtet haben
Im Leben. In anderen.

Siebenundzwanzig

Für Jahre gesoffen und getaumelt
Im Club Siebenundzwanzig
Doch dann rannte ich
Prellte die Zeche im letzten Moment.
Einen Engel kenne ich
Dem es dort reichte.
Er war kein Engel
Als er noch litt.

Doch das ist jüngste Geschichte.
Noch bleibt der Besuch aus.
Der Schuldeintreiber fehlt.
Wer kennt schon seinen Terminplan?

Einen Abgang Füße voraus
Wie Ian Curtis
Verpasste ich nur knapp
Verschlief ihn im Nebel.

Selbstmedikation ist der Schlüssel
Zu halbiertem Unglück.

Als Kind wollte ich
Niemals achtzehn werden.

Nennt mich Peter Pan.

Ich nannte mich Peter Pan.

Katzenaugen

Auf und ab und auf und seekrank tänzelnd
Entropie-Wellen
Reflektierend wie Katzenaugen
Im Kreis im Kreis ein Licht einfangend
Tropfend tropfend
Einfangend zurückwerfend
Und stürzend
Noch drehend im Sturz noch
Kurz vor der Frage
Lohnt es sich wieder aufzustehen?
Ich liebe und liebe und verlasse bloß
Die Arbeit bleibt
Berufung
Zwang und Musik
Im Kopf
Auf und ab und auf und seekrank tanzend
Im Kreis im Kreis um
Das Licht um
Nicht zu fallen
Nicht stürzen zu müssen
Reflektierend wie Katzenaugen
Lasse ich die Dunkelheit nicht zu
Nicht mehr zu
Sie ist immer da
Immer vermisse ich sie
Von der Dunkelheit spreche ich nicht
Von Schönheit
Zugegeben
Von Dunkelheit auch
Durch mein Meer wate ich

Warte ich
Flehend reflektierend im Kreis
Wie Katzenaugen

Verbraucher

Nur für den Geldschuss verliebt
Klebrige Gesichter verstecken sich
Hinter falschem Lächeln
Ducken sich hinter Papier
Wie unter wollener Euphorie
Geborgter Freude
Hinter Chemie.
Verbraucher sind das Ende der Kette
Das letzte Produkt sie selbst
Und nach ihnen nach uns die Sintflut.
Noch mehr Wellen:
Selbstbeglückt schwemmt Gott uns hinweg
Spült uns in den Abgrund.
Ungläubig blinzele ich in die falsche Richtung.
Unterwerfung versprach einst Rettung
Wurde zum Normalzustand
Zum Normalstillstand.
Meine Gefühle sind aus Plastik
Schrill und überdreht
Suchend wie vor langer Zeit
Als es noch etwas zu finden gab.
Meine Liebe wird täglich verpornt
Meine Seele zersoffen und gedopt.
Wenn ich je gewusst hätte wer ich bin
Könnte ich zurückkehren.
Eine Pille zum Einschlafen wäre ein Traum
Mit der ich endlich runterkomme.
Gegen solche Wünsche gibt es Medizin
Gegen Einsamkeit unzählige Clips
Gegen all das gibt es nur noch eine furchtbar leise Stimme.

Alpha I

Sehe ich meinen Nachbarn auf der Straße
Erkenne ich ihn nicht
Mein Herz sehnt sich nach Stammesleben
Wildem Umherziehen
Jagen, was ich esse
Kennen, wer mich lenkt
Der Weg dies zu ertragen heißt Ignoranz
Ablenkung mit Drogen
Fernsehen
Netflix
Liebe tanken auf Instagram
Mein Körper ist meine Festung nicht mehr
Er ist mein Schrei nach Aufmerksamkeit
Sieh mich twerken
Die Leere ist mein Feind
Aufgeben ist wider die Natur
Doch scheint es so natürlich
Ich muss mir meine Brüder mühsam suchen
Wie Patronenfragmente im Fleisch
Verletzen sie die Menschheit
Sind es noch echte Menschen
Was heißt das schon? Menschen
Einen Schritt vom Affen entfernt
Und einen weiteren zum Cyborg
Unsere Erfindungen haben uns überholt
Entwicklung läuft unkontrolliert:
Vom Steinkeil zur KI in einem Sprint
Wir schaffen uns ab
In einem Netz zu komplex
Es zu verstehen

Kein Teil eines Systems kann das System überblicken
Wir betrachten das Wetter und können es nie ganz verstehen:
Ein chaotisches System – für uns
Die Gesamtheit der Einflüsse ist zu groß
Zu unübersichtlich
Für unser schmales Blickfeld
Wir reagieren mit der Erfindung der Börse:
Ein chaotisches System zweiter Ordnung
So komplex
So unübersichtlich wie das Wetter
Jede Vorhersage des Ergebnisses verändert das Ergebnis
Wir lassen uns von nicht steuerbaren Systemen
Steuern
Und wachsen
Wachsen
Die Komplexität nimmt stetig zu
Ist die Menschheit als Ganzes ein Organismus
Betreiben wir Evolution
Vom Einzeller zum bewussten Denken
Ist die Erde der Organismus
Betreiben wir Krebs
Ein stetig wachsender Tumor
Sobald wir anfangen andere Planeten zu besiedeln
Werden wir zum Virus
Neue Verbindungen werden hergestellt
Von Punkt A nach Punkt B:
Wie Verknüpfungen im Gehirn
Unsere Ausbreitung kann noch Evolution sein
Jeder Mensch eine Zelle
Ein mehr oder minder notwendiges
Teil eines Ganzen
Was mag das Ganze denken?
Meine Liebe wäre ein Signal
Von Zelle A an Zelle B
Wie das Feuern von Nerven

Was bedeutet meine Liebe für die Menschheit?
Ist mein Hass gerechtfertigt
Als schmerzhafter Reiz?
Es ergäbe Sinn
Schneller und schneller kommunizieren
Die Zellen
Verbessern sich durch Technologie:
Jeder Mensch ist ein Cyborg
Sein Smartphone eine Erweiterung
Der kognitiven Fähigkeiten
Sein Auto eine Verbesserung der Mobilität
Vakuumtunnel durchbohren die Erde
Verkürzen Transportzeiten
Treiben die Evolution voran
Eine Ameise weiß nichts von ihren Pflichten
Eine Zelle war mal mehr als sie nun ist:
Eine Vielzahl einzelner Lebewesen
Nun kombiniert zu einem Teil
Von etwas Größerem
Was heißt das für uns?
Müssen wir unsere Individualität preisgeben
Um die Menschheit voranzutreiben?
Ich bin nicht mein Smartphone
Und kaum Teil dieser Welt
Dies könnte meine Funktion sein
Ich bin der schmerzende Zahn der Menschheit
Ich warne euch

Archäologie

Auf der Suche nach mir selbst
Stolperte ich augenblicklich
Über Küchenmesser und Löffel
Wie tief muss man graben
Wie weit muss man gehen
Um die Seele freizulegen?
Dreiunddreißig Jahre Archäologie
Schichtenweise Steingerümpel
In die Täler schubsend
Traf ich auf so manches Skelett
Doch Leichen verlieren ihren Schrecken
Sind sie alt und steinern genug
Sind meine Erinnerungen lebendig?
Schwer wie Stein und alt wie die Nacht
Ich suche nach mir selbst
Göffele albern durch mein Fleisch
Weil mein Geist nicht greifbar ist
Aus der Flasche gelassen vor Jahren
Verweste er lang genug darin
Verflüchtigt sich wie Wolken
Und schlägt wie Donner zu
Ich bin ein Kind
Male mit den Fingern
Was in meinem Herzen tanzt
So düster – ja – so selten
Schlägt mein Herz

Haustier

Die Großmutter sagte, Raupen müssen kräftig futtern
Damit sie schöne Schmetterlinge werden.

Die Mutter sagte, ich fresse wie ein Schwein.
Ich spuckte mein Futter zurück in die Schüssel.

Man sagt mir, ich sei eine geile Sau.
Man will mich ficken, wie es Hunde tun,
Mich nehmen wie ein Tier.
Warum nimmt mich niemand bei der Hand?

Schön/Hart

Zeiten waren hart
Schön
Hart
Ich erinnere mich kaum mehr
Doch es war schön
Es tat weh
Meine Wunden sind geblieben
Doch es war schön
Wir waren jung und sind es
Teils geblieben
Doch nicht mehr schön
Nicht mehr so hart drauf
Nicht mehr drauf
Ich vermisse die Zeiten
Die Zeiten waren hart
Doch es war schön
So furchtbar schnell
Zu leben

Tod und Entsorgung

Viel Verpackungsmaterial
Für ein bisschen biologisch abbaubaren Abfall
Zu Grabe getragen
Den Schritt der Biotonne übersprungen
Wir machen die Blumen blühen
Gießen sie von unten
Eine Schachtel aus Holz
Besser als Plastik
Um einen Klumpen Fleisch
Irgendwann hat das Fleisch gelächelt
Anderen den Tag erhellt oder verbittert
Doch so wie jetzt
Roch es noch nie
Haltet fest an eurer Liebe
Aber je nach Temperatur
Muss sie bald begraben werden
Das ist der Lauf der Dinge
In großem Rahmen
Recycling
Niemals jedoch
Upcycling
Das wäre ja krank

Stille Wasser

Kein stilles Gewässer ist tief genug
Um alles Unsein zu verstecken
Unwohl unsittlich unreif unschön unwert
Sein
Zu verstecken

Selbstertränkend schweigt der Gartenteich
Bräsig lächelnd wie sein Nachbar der Zwerg
Dessen hohler Blick aus Porzellan
Hält die Schaufel stets bereit
Das Elend zu vertiefen

Von eigenem Schlick umfangen
Am Grunde abgelagert
Plätschert es wohlig eng in Schlingpflanzen gewürgt
Die einzige Hoffnung besteht im langen Sterben
Alles geht dahin
Wie angenehm

Nicht ewig muss es im Winter starren
Von Stechmücken surren in der Sonne
Tief in sich versteckt seinen Mehrwert zählen
Den bloß Sprichwörter ihm zusprechen
Aus anderen schlickverseuchten Teichen schwappend

Ihr glaubt doch nicht
Dass sich gute Menschen um euch kümmern?
Hättet ihr noch Kraft
Verspräche ich euch goldene Zeiten
Für nachher später irgendwann

Nachdem ihr über eure Ufer getreten seid
Ihr aufgestauten Fluten
Ihr kalten Wasser
Ihr sterbenden kleinen Meere

Es tut mir leid
Euer Loch ist gegraben
Ihr wohnt darin
Es wird nicht leichter werden

Versteck mich, Fels

Versteck mich gründlich Fels
Versteck mich sanft
Zartes Krachen widerspenstiger Knochen
Danach ist nur noch Freiheit
Davon strömt warm mein Leben
Verbreitet sich in die Welt

Unter Titanen wandele ich im Hades
Schaue voll Mitleid zu euch auf
Arme eingesperrte Seelen
Angst herrscht nur im Vorher
Ohne Atem
Kein Ersticken

Auf Erden heiß ich Sisyphos
Bereits tätig meine Strafe
Vor mir herschiebend
Phobos regiert mein Sterbensreich
Samtig bewirbt mein Totenreich
Hypnos meine Ruhe mein Schlaf

Bloß Morpheus reicht mir Lebenden
Herzlich seine Hand
Mit Nachrichten längst und leidig
Vom Tode meines Freundes überbracht
Sind seine Besuche rein freiwillig

Versteck mich immer Fels
Versteck mich sanft
Damokles grüße ich am Abend

Furchtlos schaue ich seines Pendels
Versprechen: Besserung
Am Ende aller Zeit

Laut Hermann ist jeder Tod
Ein Weltuntergang
Armageddon ohne Schlacht
Ich gebe auf und spaziere davon
Lasse Berg Megiddo unverteidigt
Lege Atlas' schwere Last auf mich
Wie Kissen aus Seide
Oder die warme Haut meiner Liebsten

Versteck mich endlich Fels
Versteck mich gründlich
Lass Regen und Sturm
Mich nicht erreichen
In meiner warmen Welt aus Torf

Ich schließe die Augen
Und zähle bis zehn
Niemand kommt mich suchen
Niemand weiß von meinem Spiel
Ich schreie wütend gegen Felswände an
Erhoffe grollendes Rutschen und
Ende
Ende alter Freund
Versteck mich bitte Fels
Versteck mich gründlich

Aus dem Abgrund

Abusiver Umgang mit einer Abundanz
Biologischer und chemischer Substanzen
Um später
Viel später
Abyssische Arbeiten abzuliefern
Abhoreszierend und abjekt
Als Aberration
Abart
Außenseiter
Ächtling
Abderit
Wankend zwischen geistiger Abasie
Und Vollgas
Dem täglichen Nichtaufstehenkönnen
Und Nichtzubettgehen
Morgendlicher Abulie
Und abendlicher Energie
Nur um zu schreiben?
Nur um dem Wort zu dienen?
Abominabel auf eine Weise
Löblich auf eine andere
Sinnsuche sieht so aus
Schwäche und Stärke ebenfalls
Der scharfe Schnitt dazwischen
Erzwingt niemals Durchschnitt
Sondern Blutungen
Damit kann ich leben
Damit ich leben kann
Kann ich damit leben?
Ich lebe damit.

Beinahe

Horror in kleinen Dosen
Seit Jahren leerstehende Flaschen
Vergessen auf dem Regal
Darin ein winziger Schluck
Jim Beam 1500ML

Realisierung kostet zwei Sekunden
Es wäre ein Schnapsglas gefüllt
Realisierung kostet zwei Sekunden
Herzrasend in den Ausguss
Durchatmen
Zwei Sekunden
Kostet jahrelange Abstinenz
Beinahe

Beweisfotos

Blindgezüchtete Schafskinder
Meckern in den Brutkästen
Der Pharmaindustrie
Verwickeln sich in Kriegereien
Friedensgeschwätz
Erlebnistourismus
Sag mir wo du warst
Und ich sag dir wer du bist
Doch zunächst: Beweisfotos

Städte sind Krebskolonien
Ohne Aufseher ohne Namensschilder
Jeder vermeintlich Gesunde
Zeigt noch zu wenige Symptome
Gesundheit ist Wunschdenken
Krankheit ein Geschäft
Sag mir was du hast
Und ich sag dir wer du bist
Doch zunächst: Beweisfotos

Bomben die auf Armutsdörfer fallen
Kosten mehr als ihre Opfer
Terror ist profitfördernd
Moral eine Verschleierungslüge
Frieden ist Wunschdenken
Krieg ein Geschäft

Sag mir du bist einzigartig
Und ich sag dir du bist es nicht
Doch zunächst: Beweisfotos

Fremdgelesen

Verheddderte schaffensangstkranke Finger
Durchwickeln ihr zärtelnd das Haar

Doch meine Augen suchen Risse in der Wand
Die Zeichen der Zeit
Um Einsicht zu finden und Imagination
Buchstabe um Buchstabe verkleistern die Bilder
Vertrackteln sich selbsttätig fundamentlos

Doch meine Zeit erschafft Ordnung
Um im Labyrinth statt im Chaos zu leben
Ochsenzüngig Mauern niederstierend
Stein um Stein Richtfeste feiernd
Stets erhängend am Fadenschein des Ansatzes

Doch meine Ängste treiben Früchte ins Gebälk
Suchen Sinn in Häuserzeilen
Den zerfurchten Vorstadtmonologen
Um endlich fremdgelesen
Und frei zu sein

Das Dortmund meines Wohnzimmers

Hupen hupen langsam kuppelnde Kumpel voran:
Morgens sieben Uhr
Keine Zeit zu verlieren

Vier Stunden später schallt das Gelächter:
Fußball kommt später
Erstmal Frühschoppen

Hastig eilt der Feierabendhabende zum Rewe
Gegenüber der Bio-Laden gähnt
Bloß vorsichtig betrachtet

Würstchen auf den Grill
Bier drinnen und draußen und außen vor für die Raucher
Fußball über alle Boxen und in die Kreuzung hinein
Der Pegel steigt die Tore fallen die Hemmungen auch
Böller in die Gullys nachts um zwei Olé mit heiserer Stimme
Eine weinende Freundin
Ein bisschen Stress an der Haltestelle
Morgens geht Oma zum Friedhof

Hautatmer

Lippentastend über Gewebe
Wandelnd
Reisen Körper auf Körper
Ohne Unterlass und
Scheinbar ohne Zwang
Hier habe ich Frieden gefunden
Hier bin ich Hautatmer geworden
Dein Duft vermischt sich mit meinem Blute
Durch Tracheen ins Herzzentrum
Energetisiert mein Inneres
Perspiration deiner Nähe
Oberfläche auf Oberfläche
Deiner luftigen deiner frischen
Meiner sterbend trockenen Haut
Sie sehnt sich nach deiner Feuchte
Ist auf deinen Süden angewiesen
Auf die perlenden Wiesen im Tau
Zu atmen und näher zu sein meiner Nächsten
Treibe ich konkave Verwandlung
Voran
Werde Passform deines Äußeren
Konvexe Auswüchse
Hinein
Passform deines Inneren
Ein zweidimensionaler Teppich
Aus Wärme und Sehnsucht und Haut
Der atmet und fühlt
Und vergisst
Welch weite Welt
Seine Lunge ihm bot

Weigerung

Ich verweigere mich dir Welt
Nein – Menschheit
Ich bin die Braut Jesu Christi
Des Fiktiven
Mein Gott ist erfunden
Erfindung Erfundenwordensein
Gepriesen seist du Erfundenwordensein
Geheiligt dein Name Erfindung
Das restliche Gebrabbel kenne ich nicht
Meine Geduld reichte nicht
Bis ans Ende der Kohlensackrede
Guter Mann wir sind doch nicht beim Karneval
Trinkt den Wein
Er ist meine Tinte
Esst das Brot
Es ist mein verbackener Plot
Küsst mir den Arsch ihr Verräter
Ihr kauft mir die Worte nicht ab
Nicht Stillstand ist meine Reaktion
Nicht Zurruhelegen der Feder
Für das stumpfe Schwert eurer Welt
Ich kann nicht aufhören
Ich verweigere mich dir
Menschheit

Grüne Blätter unter Frost

Grüne Blätter unter Frost
Weiter geht der gute Kampf
Den ich abwerte
Und Leben nenne
Knöchel zu Granit gespannt
Zähne längst zu Stummeln
Geraucht
Es qualmt in meinem Rachen
Es dröhnt in den Ohren
Meine Füße stehen niemals still
Ständig beißt der Kiefer
Grüne Blätter unter Frost
Erfrieren ihre Jugend
Verwelken voller Weigerung
Grau statt grün dank
Chlorophyllverlust
Der gute Kampf geht weiter
Er muss es
Doch ich
Ich muss gar nichts mehr
Raubt mich, Raupen!
Grüne Blätter unter Frost

Leben im Herbst

Am schwarzen Fenster stehen
Und eine krumme Kippe
In den Sturm rauchen

Gedanken an Wein
Erinnerungen an Whiskey

Umgebe ich mich mit Büchern
Ersinne weitere
Versuche weitere
Zu ersinnen

Meine Pläne sind simpel
Ihre Umsetzung Lebensaufgabe

Rotierend lese ich Verse
Markierte Zeilen auf Papier
Suche und finde
Verwandtschaft mit Freunden
Von gestern

Recherche

In Wörterbüchern blättere ich
Auf der Selbstsuche
Im Fremdwörterbuch
Um präzise zu sein
Zwischen à und Zytotoxin
Duden 10. Auflage
Sollte ich fündig
Und gefunden werden
Fremdwörterbuch
Passend scheint es
Es scheint richtig
Fremd
Wörter
Buch

Suchtpotenzial

Nichts Schlimmeres am Alkoholismus
In trockener Form
Als nicht mehr trinken zu können

Die Sucht nagt wie Sehnsucht
Erscheint immer wieder
Zärtlich schmiegt sie sich an
Bittet wie um Schokolade
Wie um einen ersten Kuss
Erste Verliebtheit und Süßigkeit

Gute Freunde und fremde Schönheiten
Prosten im Hinterkopf und winken
Während vorn die Kräfte schwinden

Nichts leichter als Nachgeben
Nichts schwieriger als Weitermachen
An Wochenenden vor der Kneipe
Silvester bei Freunden
Feiertagen bei Verwandten
Oder allein im Wohnzimmer

Allein mit den eigenen Gedanken

Der Wüste treu

Junkyherz Junkyhirn
Trockener Trinker
Was spinnst du Dir zusammen?
Zuckt Dir das Auge? Zwinkerst Du?
Verzweifelt ins Abgrundsein
Ohne Humor ohne Lachen
Kampflos hinsinken?
Was sollen wir tun
Du mein angefangenes Leben
Ich dein Lebenszeitverschwender?
Noch tiefere Gespinste weben?
Noch länger ans Geländer klammern?
Ich lache stürzend in ein Grab
Ich schaue lächelnd auf mich selbst herab

Das andere Ich

Es feiert einen Niedergang
Das Bisschen tief
Ein Leben lang
Es nagt und treibt
Wurzelt schreibt
Zittrig bang
Mir einen Brief
Mit Glückwünschen zum Niedergang

Wüstenprüfung

blitzgewittertropfen
brennender regen
ich weine
wein

jesus verbitterte den quellgrund
klar ist
ich weine
nichts

trocken die tropfen die wüstenprüfung
ich habe durst herr
ich weine
whiskey

die bar ist stets gegenüber
wüstenprüfung
ich weine
aushalten

Inhaltsverzeichnis

Triggerwarnung

Kinder nehmen Schlamm und machen daraus Torte. Ähnlich funktioniert mein Schreibprozess. Da gibt es dann viel Dreck und viel Schmerz, aber meistens auch Hoffnung, etwas Besseres daraus zu machen. Wenn ihr euch darauf nicht einlassen könnt, ist das in Ordnung.

Mit Folgendem und mehr müsst ihr rechnen:

Alkoholismus
Drogenmissbrauch
Suizidalität
Depression